BEI GRIN MACHT SICH IHR
WISSEN BEZAHLT

Trend-, Markt- und Konsumentenforschung von e-Sport

Forschung und Entwicklung in Sportmärkten

Marco Grigoriew

Bibliografische Information der Deutschen Nationalbibliothek:

Die Deutsche Nationalbibliothek verzeichnet diese Publikation in der Deutschen Nationalbibliografie; detaillierte bibliografische Daten sind im Internet über http://dnb.d-nb.de abrufbar.

ISBN: 9783346476180
Dieses Buch ist auch als E-Book erhältlich.

© GRIN Publishing GmbH
Nymphenburger Straße 86
80636 München

Druck und Bindung: Books on Demand GmbH, Norderstedt Germany
Gedruckt auf säurefreiem Papier aus verantwortungsvollen Quellen

Das vorliegende Werk wurde sorgfältig erarbeitet. Dennoch übernehmen Autoren und Verlag für die Richtigkeit von Angaben, Hinweisen, Links und Ratschlägen sowie eventuelle Druckfehler keine Haftung.

Das Buch bei GRIN: https://www.grin.com/document/1064383

Deutsche Hochschule für
Prävention und Gesundheitsmanagement
Hermann Neuberger Sportschule 3
66123 Saarbrücken

Einsendeaufgabe

Fachmodul:	Forschung und Entwicklung in Sportmärkten
Studiengang:	MSÖ
Datum Präsenz-phase (online):	12.04.2021 – 16.04.2021
Name, Vorname:	Grigoriew, Marco
Studienort:	München
Semester:	2

Inhaltsverzeichnis

1 Trend-, Markt- und Konsumentenforschung am Beispiel eSport

Um das Image eines Unternehmens aus der Bankenbranche zu verbessern und die Bekanntheit bei 15- bis 30-Jährigen zu steigern, um auch künftig junge Kunden gewinnen zu können, soll im Folgenden der Trendmarkt „eSport" vorgestellt werden. Des Weiteren werden Maßnahmen entwickelt, die zur Erreichung der oben genannten Ziele führen sollen.

1.1 Datenanalyse

Um das boomende Thema „eSport" zu begreifen, ist es wichtig zu verstehen, was unter „eSport" gemeint ist. Eine einheitliche Definition gibt es hierbei nicht. Nach Jörg Müller-Lietzkow ist eSport als „das wettbewerbsmäßige Spielen von Computer- oder Videospielen im Einzel- oder Mehrspielermodus. eSport versteht sich entsprechend des klassischen Spielbegriffs und erfordert sowohl Spielkönnen (Hand-Augen-Koordination, Reaktionsschnelligkeit), als auch strategisches und taktisches Verständnis (Spielübersicht, Spielverständnis)." (Müller-Lietzkow, 2006, S. 30). Im eSport existieren unterschiedliche Disziplinen, in denen die Spieler organisiert in Ligen oder auch unorganisiert gegeneinander antreten. „Die für den deutschen Bereich aktuell relevanten eSport-Spiele (auch: „Titel" oder „Disziplinen") sind League of Legends (Strategie), DOTA 2 (Strategie), Counter-Strike: Global Offensive (Taktik-Shooter), StarCraft II (Strategie), FIFA (Sportspiel) als größte Titel. Dazu kommen Overwatch (Taktik-Shooter), Heroes of The Storm (Strategie), NBA2KX (Sportspiel), Rocket League (Sportspiel), Call of Duty (Shooter) sowie eine Vielzahl weitere Spiele" (eSportbund). Momentan gibt es keinen Dachverband, der alle Disziplinen unter sich vereint, sodass jedes Spiel letztlich ihre eigenen Organisatoren hat. Allerdings gibt es diverse Verbände, national und international, die sich dafür einsetzen, dass eSports offiziell als Sport anerkannt wird. Zu nennen sind hierbei vor allem der eSports Verband Deutschland (eSVD), eSports.BIU oder die International eSports Federation (IeSF).

Jedes Spiel hat ihr eigenes Ligasystem, in dem sich einzelne Spieler, auch eSportler genannt, zu Teams (Clans) zusammenschließen, in denen sie ihre Wettkämpfe bestreiten. Das bisher höchst dotierteste Event war „The International" (DOTA 2) 2019, bei dem ein Preisgeld von über 34 Mio. US\$ an 90 Spieler aus 18 Teams ausgeschüttet wurde (eSportearnings). Es ist daher auch keine Überraschung, dass in den Top 30 der bestverdienensten Spieler bis auf eine Ausnahme ausschließlich DOTA 2 Spieler rangieren. Auf Platz eins liegt momentan der 27-Jährige Däne Johan Sundstein mit dem Spielernamen „N0tail" mit knapp 7 Mio. US$ Verdienst. Insgesamt konnten sich bisher knapp 100 Spieler (94) schon über eine Mio. US$ Preisgeld erspielen (eSportearnings). Auch die anderen oben genannten Spiele veranstalten zahlreiche Events, wobei das Preisgeld allerdings nicht annähernd an das von DOTA 2 heranreicht.

Ein übergreifendes Ligensystem findet sich jedoch in der Electronic Sports League (ESL). Sie ist die weltweit führende Plattform für eSports, die Turniere über alle Spiele und Skill-Level hinweg anbietet.

ESports wird über die verschiedensten Multiplikatoren in die Welt getragen. Zu den wohl am bekanntesten Medien gehört dabei YouTube Gaming und Twitch als Streaming Plattformen. Auch die ESL hat einen eigenen Streaming Dienst für Live-Events. Im deutschen Free TV findet man auf Sport1 mittlerweile diverse Streams, unter anderem von der FIFA Virtual Bundesliga.

Laut Statista belief sich der weltweite Umsatz im eSports-Markt im Jahr 2020 auf 947 Millionen US$. Dieser soll sich bis zum Jahr 2024 fast verdoppeln auf 1,6 Mrd. US$. Über alle Kanäle erreichte eSports letztes Jahr 436 Mio. Zuschauer. Allein das Spiel League of Legends wird auf Twitch im Monat 32 Mio. Stunden lang angesehen. In Deutschland hat bereits jeder fünfte ein eSports Spiel gesehen, und 12% schauen wöchentlich zu (Statista a). „Team SoloMid (TSM) ist das weltweit wertvollste eSport-Unternehmen. Mit einem Markenwert von rund 410 Millionen US-Dollar ist das vor allem durch sein League of Legends-Team bekannten Unternehmen höher bewertet als fünf Eishockey-Franchises aus der US-amerikanischen NHL" (Statista b).

Charakterisierung von eSport Interessierten:

- 82% der eSport Interessierten sind zwischen 16 und 34 Jahre alt (Appinio) und digitalaffin
- 73% der Interessierten sind Männer, 27% Frauen (Appinio)
- Gründe für Interesse sind vielfältig. U.a. Unterhaltung, Realitätsflucht, Erwerb von Wissen über die Spiele, Novität und eSportler Aggressivität (Hamari & Sjöblom, 2017)

Aktive Spieler:

- 95% aller aktiven Spieler sind männlich (Fokus eSport)
- Die drei bestverdienenden Profis sind (eSportearnings)
  - o Johan Sundstein (N0tail) mit $6,974,817.80
  - o Jesse Vainikka (JerAx) mit $6,470,548.78
  - o Anathan Pham (ana) mit $6,000,411.96
- Bestverdienender Deutscher ist auf Rang 6 weltweit Kuro Takhasomi (KuroKy) mit $5,204,004.15 Verdienst
- Der weltweit meistgefolgte eSport Streamer (Fortnite, League of Legends) ist der Amerikaner Richard Tyler Blevins mit über 16 Mio. Followern auf Twitch
- Der in Deutschland meistgefolgte eSport Streamer (Call of Duty) ist Montana Black mit über drei Mio. Followern

1.2 Maßnahmenentwicklung

Im Folgenden werden drei konkrete Maßnahmen vorgestellt, wie die Bank den eSport-Markt für kommunikative Zwecke nutzen und die Reichweite bei der Zielgruppe (15- bis 30-Jährigen) enorm steigern kann.

1. eSport-Event-Sponsoring:

"Event sponsorship is one of the most visible and effective ways to make a splash in the eSports scene" (eSportmarketing). So können die bekanntesten eSport-Events als attraktive Werbeplattformen genutzt werden und zu Kommunikationszwecken verwendet werden. Die Werbebotschaften der Bank können dabei auf vielfältige Art und Weise platziert werden:

- Auf TV-relevanten Flächen eines Events
- Logo-Platzierung auf Event-Tickets
- Logo-Platzierung auf Event-Homepage und auf Livestream-Plattformen
- Schaltung von Werbespots auf Livestream-Plattformen
- Namensgebung im Eventtitel (z.B. Virtual-Bundesliga powered by ...)

2. Sponsoring eines eSport-Teams (Clan) oder Streamers:

Bei dieser Maßnahme wird ein führendes eSport-Team oder Streamer finanziell unterstützt, woraufhin diese als Gegenleistung kommunikative Aufgaben übernehmen. Folgende Leistungen wären dabei denkbar:

- Trikotwerbung (Logo/Schriftzug auf den Trikots der eSportler)
- Werbespots/Banner auf der Homepage des Teams
- Werbespots bei Online-Streams
- Logo plus Verlinkung auf der Homepage des Teams/Streamers
- Erwähnung/Verlinkung auf den Social-Media-Seiten des Teams/Streamers

3. Spezielle Angebote für eGamer oder Follower:

Durch die in den zuvor genannten Maßnahmen reichlich platzierte Werbung werden potenzielle Kunden erreicht. Um diese nun auch tatsächlich anzusprechen und zu überzeugen sind spezielle Angebote von Nöten. So könnte man zum Beispiel ein kostenloses Girokonto oder eine kostenlose Kreditkarte anbieten für alle, die über eSports auf die Bank gestoßen sind. Dadurch können noch mehr Neukunden gewonnen werden, die dann gegebenenfalls Folgeleistungen der Bank in Anspruch nehmen.

1.3 One Pager

Unter eSport (Elektronischer Sport) versteht man das wettkampfmäßige Spielen von Computer- und/oder Konsolenspielen. Man kann sowohl allein als auch in Teams gegeneinander on-, sowie offline spielen. Mittlerweile füllen eSport Events weltweit ganze Fußballstadien und erreichen über diverse Streaming Plattformen jährlich fast eine halbe Milliarde Menschen, Tendenz steigend. Dies bietet eine hervorragende Marketingplattform, um die eigene Marke einer jungen und attraktiven Zielgruppe näher zu bringen. Das bisher am höchsten dotierte Einzelevent im eSport war „The International" (2019), bei dem über 34 Mio. US$ Preisgeld ausgezahlt wurde. Auch hier wachsen die Preisgeldtöpfe von Jahr zu Jahr an und es ist wohl nur eine Frage der Zeit, bis sie die klassischen Sportarten überholt haben. Die bestbezahlte Einzelsportart ist momentan Tennis; im selben Jahr wurde beim Wimbledon Turnier 51 Mio. US$ ausgeschüttet. Die erfolgreichsten e-Sportler sind längst so populär wie altgediente Sportstars, was sie zu äußerst reichweitestarken Werbepartnern macht. Der eSport-Markt boomt, ist er bereits heute ein globaler Milliardenmarkt, so wird er laut Prognose im Jahr 2024 bei circa 1,6 Mrd. US$ Umsatz pro Jahr stehen. Auch im relevanten deutschen Markt ist ein Umsatz in dreistelliger Millionenhöhe garantiert. In Deutschland hat bereits jeder fünfte ein eSports Spiel gesehen, und 12% schauen wöchentlich zu, wobei die Tendenz auch hier stark steigend ist. Die zwei bekanntesten deutschen eSport Streamer (MontanaBlack88 und Trymacs) erreichen gemeinsam über fünf Mio. Follower. Dabei streamen sie v.a. die Spiele Fortnite, Call of Duty und Clash of Clans (newsslash). Laut einer repräsentativen Marktanalyse von Nielsen Sports und Infront Deutschland interessieren sich 23% aller Befragten für eSports und 62% der eSports-Interessierten stimmten zu, dass Sponsoren von eSports-Events an Attraktivität gewinnen (Sport1). Die eSport-Zielgruppe ist im Durchschnitt 14 bis 29 Jahre alt, das klassische TV-Programm ist für sie immer unattraktiver, weshalb sie nach Alternativen im Internet suchen (Videostreaming, YouTube, Social Media). Zusammenfassend lässt sich festhalten, dass dieser boomende Markt in Zukunft noch mehr Möglichkeiten für Sponsoren bieten wird als ohnehin schon. Sollte eSports zukünftig olympisch werden, was durchaus im Bereich des Möglichen liegt (die ersten Schritte wurden vom IOC bereits unternommen (eSportsOlympia)), dürfte dieser Sport erneut einen großen Boom erfahren. Eine vorzügliche Chance, die eigene Marke auf diesem Markt zu repräsentieren. Ein weiterer Aspekt, der durchaus Beachtung finden darf ist, dass eSports zu jetzigen Pandemiezeiten weiterhin ausgeübt werden kann und daher keine Umsatzeinbußen erfährt, während klassische Sportarten weitgehend still stehen/standen.

2   Vereinsentwicklung und Vermarktung

Ein Verein aus der 1. Fußball Bundesliga strebt in den nächsten Jahren eine Erhöhung der Bekanntheit, sowie eine Champions-League Qualifikation an. Sie interessieren sich für einen Einstieg in den eSport und möchten nun die Chancen und Risiken, die damit verbunden sind, ausloten.

2.1   Argumente für ein Investment im eSport

1. Starkes Wachstum der Branche:

Für die kommenden Jahre wird mit einem Umsatzwachstum von jährlich durchschnittlich knapp 21% gerechnet (Pwc). Andere Hochrechnungen und Prognosen (Statista a) kommen dabei auf ähnliche Werte. Andere „klassische" Sportarten wachsen zwar auch, jedoch weitaus langsamer. Zum Vergleich die 1. Fußball Bundesliga in Deutschland, definitiv der stärkste Sport-Markt im Land: In den letzten 10 Jahren wuchs der Umsatz um durchschnittlich 8,6% (Dfl), wobei Krisenjahre wie 2020/21 (Corona) nicht mitberechnet wurden und der Umsatz in diesen Jahren sogar rückläufig war / sein wird. Daran schließend folgt auch gleich der zweite Vorteil.

2. Krisensicherer Sport:

Ob es in Zukunft noch mehr Pandemien wie die aktuelle geben wird, darüber lässt sich nur spekulieren. Gänzlich auszuschließen ist es jedenfalls nicht und der Fakt bleibt, dass ein Sport, der von zu Hause aus weltweit betrieben werden kann, sämtlichen Krisen standhält. „Eine Branche, die von mehr verfügbarer Zeit der Menschen profitiert, ist die der Computerspielanbieter. [...] Entsprechend liegt hier auch das Potenzial, sich in einer Krise, die den klassischen Sport zum Erliegen bringt, weiter als Sponsoring-Alternative zu empfehlen" (Handelsblatt).

3. Neue eigene Sponsoren:

Durch den Einstieg in den eSport, bspw. mit einem eigenen Team, kann der Verein neue Sponsoren gewinnen, die bereits in dieser Branche tätig sind. Diese Sponsoren können auch den Fußball als ihre eigene Marketingplattform nutzen, wodurch eine win-win-Situation entsteht. Die Einnahmen aus dem zusätzlichen Sponsoring helfen dem Verein dabei, das Ziel der Champions-League Qualifikation zu erreichen.

4. Neue Zielgruppe:

Personen, die am normalen Fußball nicht interessiert sind, sind in der Regel auch kein Fan eines Fußballvereins. Durch ein eigenes eSport-Team in beliebten Disziplinen wie z.b. League of Legends kann man dadurch ganz neue Zielgruppen ansprechen, die wiederrum dazu beitragen, den Bekanntheitsgrad des Vereins zu erhöhen.

5. Vermarktungserlöse:

Hat man eine neue Zielgruppe für sich gewinnen können, so steigern sich die Erlöse durch Ticketing, Livestreams, Merchandise-Produkte und dergleichen. Der Einstieg in die e-Sport Branche kann diverse Platzierungs- und Aktivierungsmöglichkeiten mit sich bringen, für die sonst das reine Marketingbudget investiert werden müsste (Deloitte, 2016, S. 08).

6. Globaler Markt:

ESports ist ein globaler Milliarden-Markt. Ein Einstieg in eben jenen bietet die Möglichkeit auf Internationalisierung, dem Ansprechen neuer Zielgruppen im Ausland und die Chance weiter zu wachsen. Besonders in den USA und Asien ist der ESport stark vertreten, aber Deutschland kommt bereits auf Rang vier (Pwc). Der perfekte Markt, um wirtschaftlich zu expandieren, sowie die Bekanntheit zu erhöhen.

2.2 Risiken im eSport

Wo viel Licht ist, ist natürlich auch Schatten, weshalb im Folgenden vier mögliche Risiken vorgestellt werden, warum eine Investition in den eSport eventuell gefährlich sein könnte.

1. Keine anerkannte Sportart:

ESport ist keine anerkannte Sportart in Deutschland. Sollte der DOSB den Sport nicht anerkennen, so könnte er sich in Zukunft selbst in einem eigenen Verband organisieren. Dadurch könnten Konflikte zwischen den Verbänden entstehen und somit auch ein Interessenskonflikt, den der Verein lösen müsste. Die Zeichen, dass eSport allerdings bald olympisch werden könnte, stehen eher auf grün.

2. Junger Markt:

Der eSports Markt ist noch relativ jung und in der Entwicklungsphase. Dadurch gibt es immer gewisse Unsicherheiten, was die weitere Marktentwicklung betrifft, insofern sie schwer einschätzbar ist. Bereits vorgestellte Zahlen widersprechen diesem Risiko aber auch eindrucksvoll.

3. Nicht bei allen beliebt:

Gerade in der älteren Bevölkerung ist eSport entweder gar kein Begriff, oder ist schlichtweg uninteressant. Diese Generation wuchs nicht digital auf und kann mit diesem ganzen Thema oft wenig anfangen. Man kann also über diesen Markt nicht jeden erreichen. Böse Zungen würden behaupten, dass eine (sehr) betagte neue Zielgruppe dem Verein aber auch nicht langfristig weiterhelfen wird.

4. Negatives Image:

Es gibt manche negativen Schlagzeilen über den eSport. Diese äußern sich beispielsweise in Form von „Killerspielen" (Counter Strike, Call of Duty, andere Shooter-Spiele). Man befürchtet, dass das Verhalten im Spiel auf das reale Leben überschlagen könnte und die Gewaltbereitschaft zunimmt. Es gibt dazu diverse Studien, ob die Gewaltbereitschaft tatsächlich mit dem Spielen gewisser Spiele zusammenhängt. Ein einheitliches Ergebnis kam bisher nicht zutage (Weltstudie). Auch die Suchtgefahr von diversen Spielen wird oft thematisiert.

Es lässt sich festhalten, dass es, wie bei jeder anderen Investition auch, diverse Risiken gibt, die man kennen und abwägen muss. Jedoch konnte auch jeder angesprochene Punkt mit entsprechenden Argumenten gemildert werden.

3   Innovationsmanagement

Der Mehrspartenverein FC Colonia Mühlheim e.V. möchte dem Negativtrend der Mitgliederentwicklung entgegenwirken und dafür eine Analyse erstellt haben. Diese wird im Folgenden vorgestellt.

3.1 Problemerkenntnis

Bevor Ideen präsentiert werden können, ist es wichtig zu verstehen, warum sich die Mitgliederzahlen negativ entwickeln. Die aktuelle Lage wird daher zunächst kurz beschrieben und interpretiert.

3.1.1 Ist-Situation

Der Verein kämpft gegen in den letzten Jahren stetig zurückgehende Mitgliedszahlen und hat nun zum Ziel, die generelle Bekanntheit zu steigern und das Image zu verbessern, um den Negativtrend zu stoppen oder gar umzukehren. Der Verein hat diverse Defizite, vor allem im digitalen Bereich, die Mitglieder der einzelnen Sparten weisen ein hohes Durchschnittsalter auf und die Beliebtheit der vereinseigenen Veranstaltungen lässt zu wünschen übrig.

3.1.2 Interpretation der aktuellen Lage

Folgende Tabelle veranschaulicht den Mitgliederrückgang des Vereins.

Tab. 1. Mitgliederzahlen des Colonia Mühlheim e.V. (DHfPG, Aufgabenstellung)

Anmerkung der Redaktion: Die Tabelle wurde aus urheberrechtlichen Gründen von der Redaktion entfernt.

In einem Erstgespräch mit ehrenamtlichen Helfern des Vereins kamen einige Aspekte zur Rede. Einer davon war das hohe Durchschnittsalter der Mitglieder in allen Sparten außer Fußball. Dies lässt auf einen Mangel an Kindern und Jugendlichen schließen. Der Verein wird nur durch eine veraltete Hompage und durch einen Fanschal beworben, der allerdings zu einem Minus-Geschäft wurde. Gerade für junge Menschen ist die primäre Informationsquelle allerdings das Internet. Daher fehlt für die junge Zielgruppe auch ein Social-Media-Auftritt, sowie ein Vereinsheft in digitaler Form. Diese passiven und wenigen Werbetätigkeiten sorgen für einen schlechten Bekanntheitsgrad. Was die Situation in Zukunft für Auswirkungen haben könnte, wenn man dem nicht entgegenwirkt, wird nun vorgestellt.

3.1.3 Auswirkungen

Wie bereits festgestellt wurde sind in dem Verein überwiegend ältere Mitglieder, was auf eine Überalterung hindeutet. Der Grund dafür lässt sich in der nicht zeitgemäßen Präsentation des Vereins finden, sodass er für junge Leute unattraktiv wirkt, oder gar nicht erst wahrgenommen wird. Dies führt langfristig dazu, dass der Verein immer mehr Mitglieder verliert, da momentan Aktive z.b. aus Altersgründen aussteigen, aber keine jungen neuen Mitglieder nachkommen. Auch die ehrenamtlichen Leistungsfunktionen werden dadurch immer schlechter ausgefüllt, was wiederum den Rückgang der Mitgliedszahlen verstärkt. Durch junge Mitglieder werden neue Impulse für die Modernisierung des Vereins erbracht, was für eine nachhaltige Nachwuchsarbeit unabdingbar ist. Ist dies nicht vorhanden, so wird der Verein über kurz oder lang aussterben. Der anhaltende Rückgang der Mitgliedszahlen kann auch zu negativer Stimmung bei den Verantwortlichen und verbliebenen Mitgliedern führen, was ebenfalls dazu beitragen könnte, dass man noch mehr Mitglieder verliert. Auch unter dem Aspekt des wachsenden Wettbewerbsdrucks ist es für Vereine enorm wichtig, sich stetig zu erneuern, mit der Zeit zu gehen und offen für Innovationen zu sein. Ist man dies nicht, wird man an einem Punkt diverse Sparten auflösen müssen oder im schlimmsten Fall den ganzen Verein.

3.1.4 Kundensegmentierung

Da Kundensegmente immer kleiner und Kunden immer flexibler werden (Eckert, 2005, 27 f.), ist es von zunehmender Bedeutung eine klare Segmentierung vorzunehmen. Folgende Kunden des Vereins wurden dabei ausgemacht und anhand von drei Kriterien aus den Oberkategorien „geographische Merkmale", „sozidemographische Merkmale" und „verhaltensorientierte Merkmale" klassifiziert:

Schüler und Studenten:
- Sehr geringer Einzugskreis aufgrund eingeschränkter Mobilität (< 5 - 10 km)
- Sozialer Status: Quer durch alle Schichten
- Sehr hohe Nutzungsrate digitaler Medien im privaten Bereich

Berufstätige:

- Höherer Einzugskreis aufgrund guter Mobilität und Flexibilität (ganz Köln und Umkreis)
- Mittlere bis hohe (Schul-)Bildung; vollzeitbeschäftigt
- Produktwahl (Verein): Wechselt gerne Produkt / Verein, wenn es Probleme gibt, aufgrund von Vielzahl der Angebote

Senioren:

- Mittlerer Einzugskreis aufgrund altersbedingter eingeschränkter Mobilität und Flexibilität (bis 15 km)
- Familienstruktur: Keine Kinder im Haushalt, verheiratet oder geschieden
- Gesundheit: ggf. spezifische Krankheiten

3.1.5 Methodenauswahl

Jedes der drei Kundensegmente wird im Folgenden anhand einer ausgewählten Methode genauer beschrieben.

Empathie-Karte (Schüler und Studenten):

Die Empathie-Karte wurde von der Firma XPLANE entwickelt und soll über die demographischen Daten eines Kunden hinaus gehen, um ein besseres Verständnis für diesen zu entwickeln. Nach Osterwalder & Pigneur müssen dabei folgende sechs Fragen über den Kunden beantwortet werden (2011, S. 135):

Was sieht er? Was hört er? Was denkt und fühlt er wirklich? Was sagt und tut er? Welches sind die negativen Aspekte im Leben des Kunden? Welches sind die positiven Aspekte im Leben des Kunden?

Darauf aufbauend könnte eine beispielhafte Empathie-Karte für das genannte Segment wie folgt aussehen:

Kunde: S. G., 21 Jahre, studiert Mediendesign in Köln, Single, sucht Ausgleich zur Uni

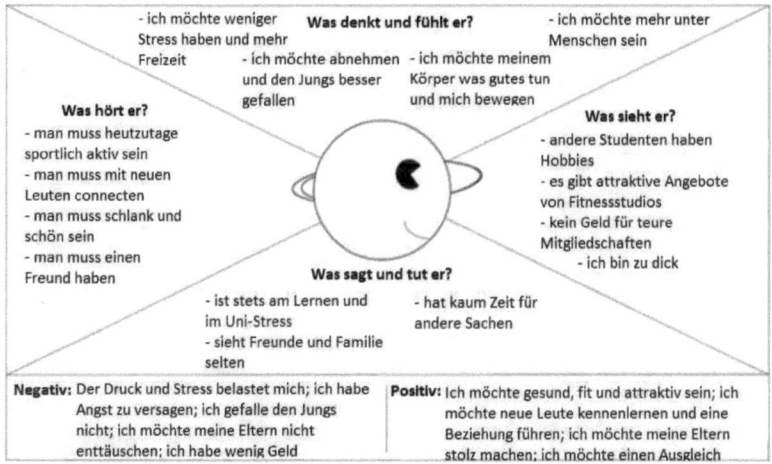

Abb. 1. Empathie-Karte S. G. (modifiziert nach Osterwalder & Pigneur, 2011, S. 134)

Persona (Berufstätige):

„Personas sind idealtypische Repräsentationen von Personengruppen des täglichen Lebens" (Uebernickel et. al., 2015, S. 125). Eine Persona wird stellvertretend für eine ganze Personengruppe angelegt. Diese weisen alle die gleichen Ausprägungen in bestimmten und vorher festgelegten Parametern auf (ebd.). Die Nutzung der Persona hilft, ein bestimmtes Bild des Kunden in den Kopf zu rufen. Folgende Persona könnte man für das genannte Segment anlegen:

Persona „Stefan": 43 Jahre alt, verheiratet mit Beate, 39. Hat eine Tochter, 11 und einen Sohn, 14 und einen Hund. Arbeitet als mittlerer Angestellter bei einem nationalen Konzern und wohnt mit seiner Familie in einer Reihenhaushälfte in der Kölner Vorstadt. In seiner Freizeit geht er im Sommer nach der Arbeit gerne Joggen und Radfahren und im Winter macht er mit seiner Familie Skiausflüge. Außerdem trifft er sich regelmäßig einmal im Monat mit seinen Freunden zu einem Pokerabend. Da er in seinem Job sehr viel am Schreibtisch sitzt, möchte er einen Ausgleich für seinen Körper schaffen. Außerdem ist ihm die Zeit mit seiner Familie sehr wichtig. Er ist auch Mitglied in einem Fitnessstudio, trainiert dort allerdings nicht gern, da er lieber draußen an der frischen Luft ist. Außerdem interessiert er sich für Fußball und ist Fan vom 1. FC Köln. Er spielt manchmal mit seinem Bruder Tennis beim FC Colonia Mühlheim e.V., was ihm große Freude bereitet.

Jobs to be done (Senioren):

Die Jobs to be done Methode soll einen tieferen Blick auf das Problem des Kunden ermöglichen (Furr & Dyer, 2014, S. 92). Die Herausforderung ist, die Sicht des Kunden einzunehmen und auf diesen Impuls zu reagieren. Die Frage, die hier gestellt wird, lautet: Welchen Job muss ein Produkt oder eine Dienstleistung erledigen? (Christensen, 2010). Bei dieser Methode soll dem Kunden ein Mehrwert geboten werden.

Der erste Schritt ist das Auffinden der Jobs. Welches Kundenproblem gibt es zu lösen? Um diese Frage zu beantworten kann man z.b. die Triggerfragen von Osterwalder et al. (2015, S. 13) benutzen. Welche emotionalen Bedürfnisse versucht Ihr Kunde zu befriedigen? Welche Jobs geben dem Nutzer das Gefühl der innerlichen Befriedigung, sobald sie erledigt sind? Wie möchte der Kunde sich fühlen? Was muss ihr Kunde tun, um sich so zu fühlen? Ein Senior des FC Colonia Mühlheim e.V. hat das Bedürfnis nach sozialen Kontakten und körperlichem Wohlbefinden. Dafür eignet sich bestens Präventions- und Gesundheitssport oder auch diverse auf die Zielgruppe abgestimmte Fitnessprogramme. Im nächsten Schritt muss der Job verifiziert werden: Löst das Produkt (in dem Fall Gesundheitssport, Fitnessprogramme, …) das verifizierte Problem des Kunden? Die beste Methode, um dies herauszufinden ist in diesem Fall ein Ratschlag-Interview und das einfache Befragen der Senioren. Anschließend folgt der Aufbau einer zweckgebundenen Marke. Wie macht man auf das Problem und das Produkt aufmerksam? Hierfür gibt es nach Christensen (2010) ein Fünf-Schritte-Programm zum Markenaufbau.

1. Entwicklung eines Produktes (Gesundheitssport, Fitnesskurse, …), das den Job (o.g. beispielhafte Bedürfnisse der Senioren) gut erledigt und damit Erfahrungen zu sammeln, um Optimierungen zu realisieren.

2. Entwicklung einer Marke (Seniorensport beim FC Colonia Mühlheim e.V.), die beim Konsumenten die Assoziation hervorruft, dass er eine Aufgabe hat und diese mit genau dem bestimmten Produkt perfekt erledigt werden kann.

3. Sobald Konsumenten das Produkt einstellen und ihnen bewusst wird, dass es den Job perfekt erledigt, bilden sie Vertrauen zu dieser Marke und eine zweckgebundene Marke entsteht.

4. Nachdem die ersten Konsumenten der Marke vertrauen, empfehlen sie die Marke weiter. Weitere Konsumenten verwenden daraufhin die Marke (=> Die Mitgliedszahlen des Vereins wachsen wieder)

5. Schließlich nutzt man im letzten Schritt die Werbung, um noch mehr Konsumenten zu erreichen, ihnen den Job to be done aufzuzeigen und gleichzeitig die perfekte Lösung anzubieten (einfachstes Mittel wäre z.b. eine Flyerverteilung, die das Angebot/Programm des Vereins aufzeigt).

3.2 Ideenfindung – Brainstorming

Im Folgenden werden mithilfe der Brainstorming-Technik fünf verschiedene Ideen für ein innovatives Produkt/Dienstleistung entwickelt, die für den Verein passend sind, um deren Ziele zu erfüllen:

1. Idee: Tag der offenen Tür:

Das generelle Ziel des Vereins ist es, die Bekanntheit zu erhöhen und das Image zu verbessern, um so eventuell den Negativtrend der Entwicklung der Mitgliederzahlen zu stoppen und umzukehren (DHfPG, Aufgabenstellung). Die perfekte Möglichkeit, um viel Aufmerksamkeit im regionalen Raum zu bekommen ist dabei ein Tag der offenen Tür. Die Veranstaltung muss gut beworben werden, damit möglichst viele Menschen davon erfahren, denen man das breite Produktangebot des Vereins vorstellen kann. Diverse kleine Events der einzelnen Abteilungen sind dabei eine gute Methode, die Besucher in ihren Bann zu ziehen.

2. Idee: Moderne Öffentlichkeitsarbeit:

Bisher hat der Verein lediglich eine veraltete Homepage und keinen Social-Media-Auftritt. In Zeiten der Digitalisierung sind dies aber die wichtigsten Informations- und Kommunikationskanäle. Deshalb muss die Homepage aktualisiert und zeitgemäß gestaltet werden und ein Vereinsaccount auf Facebook und/oder Instagram erstellt werden. Dies vereinfacht vor allem die Kommunikation mit der jungen Generation, von der man so dringend neue Mitglieder braucht.

3. Idee: Veranstaltungen für Kinder:

Eine weitere Möglichkeit, um junge Zielgruppen anzusprechen. Sinnvoll wäre es, diese Veranstaltungen auch für Vereins-externe Kinder anzubieten und diese damit gegebenenfalls zu überzeugen, dem Verein beizutreten. Denkbar ist z.B. eine Kinder-Olympiade mit verschiedenen Disziplinen. Positiver Nebeneffekt dabei ist, dass Kinder nie allein zu solchen Veranstaltungen kommen und der Verein mit einer gut organisierten Präsentation auch die Erwachsenen von sich überzeugen und als Mitglieder gewinnen kann.

4. Idee: Einführung von speziellen Senioren-Kursen:

Gerade in der heutigen Zeit, in der Gesundheit ein Megatrend der Gesellschaft ist, ist es bedeutend eine weitere wichtige Zielgruppe, die Senioren, zu erreichen. Dazu bietet sich die Einführung von Seniorensport an (Siehe 3.1.5 Jobs to be done). Dieser kann quer über alle Abteilungen des Vereins durchgeführt werden, um möglichst abwechslungsreich gestaltet zu sein.

5. Idee: Kooperation mit (Hoch-)Schulen:

Durch solche Kooperationen kann man die Zielgruppe erreichen, die dem Verein weitestgehend fehlt. Eine genauere Beschreibung zu dieser Idee folgt im Anschluss unter 3.3.

3.3 Selektion

Die fünfte Idee soll als Vielversprechendste dem Verein präsentiert werden. Da die Altersstruktur des FC Colonia Mühlheim e.V. hoch ist, sollte es deren oberste Priorität sein, sich um die Verjüngung des Vereins und um das Gewinnen neuer junger Mitglieder zu kümmern. Dies ist der Grund weshalb diese Idee präferiert wird. Eine Kooperation mit (Hoch-)Schulen führt zwangsläufig zu einer Win-Win-Situation. Während der Verein Zugang zu einer großen jungen Zielgruppe bekommt und daraus Mitglieder gewinnen kann, erweitert sich das Sportangebot der (Hoch-)Schulen um attraktive Segmente, die sie selbst nicht anbieten (können). Eine Kooperation versorgt den Verein allerdings nicht nur mit mehr Mitgliedern, sondern auch mit einem besseren Image, denn die Bereitschaft zu kooperieren ist in der Gesellschaft immer gern gesehen.

3.4 Konkretisierung

Beispielhafte Szenarien, wie diese Kooperation konkret aussehen könnte, sind:

- Regelmäßige Durchführung von Sportveranstaltungen für die Schüler
- Bereitstellen der Vereinsflächen (Spielfelder, Räume, Geräte) für die Schüler
- Organisation von Sportfesten
- Mitwirken der Schüler bei Vereinsveranstaltungen
- Mitwirken des Vereins bei Schulsport-Veranstaltungen
- Talentförderung seitens des Vereins
- Gemeinsame Ausflüge

An dieser Stelle kommt das von Eyal (2014, S.12-17) entwickelte Hakenmodell zum Einsatz. Hierbei geht es darum, die Gewohnheiten der Menschen zu nutzen, um sie an das Produkt zu binden. Dies geschieht in vier Schritten, die einen Kreislauf darstellen.

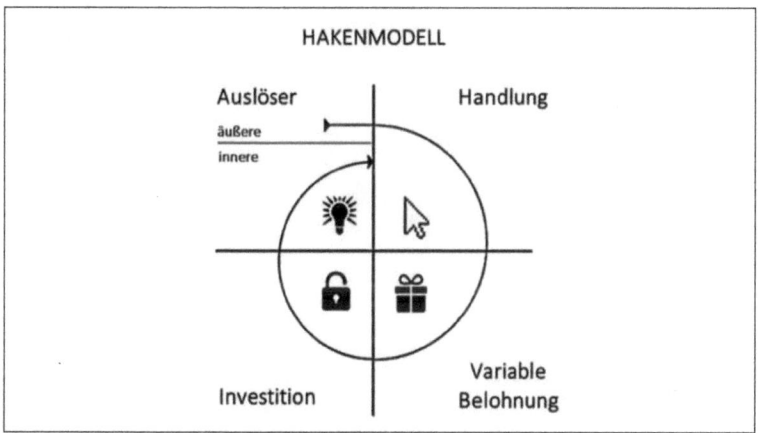

Abb. 2. Das Hakenmodell (modifiziert nach Eyal, 2014, S.13)

Durch den Auslöser (intern/extern) wird beim Konsumenten Aufmerksamkeit generiert. Der zweite Schritt ist die Handlung, die mit einer positiven Aussicht in der nahegelegenen Zukunft einhergeht. Im nächsten Schritt folgt eine variable Belohnung des Kunden um ihn „an den Haken zu bekommen". Dieser Schritt soll das Interesse am Produkt erhalten und stellt somit einen wesentlichen Faktor dar. Abschließend soll der Kunde eine Investition tätigen, die nicht zwingend monetär sein muss. Auch das Einladen von Freunden, das Verbreiten der Erfahrungen oder das Preisgeben persönlicher Daten sind solche Investitionen. Dadurch, dass sich der Kunde verstärkt einbringt, wird die Gewohnheitsbildung gefördert, was sich wiederum auf andere Konsumenten überträgt. Da das Modell ein Kreislauf ist, wird es immer wieder von vorne durchlaufen, um die Muster festzufahren (Eyal, 2014, S.15f.).

Übertragen auf die aktuelle Situation und die Kooperation des Vereins mit (Hoch-)Schulen, sähe das Hakenmodell zum Beispiel so aus:

Tab. 2. Das Hakenmodell zur Kooperation zwischen dem FC Colonia Mühlheim e.V. und (Hoch-)Schulen

(eigene Darstellung)

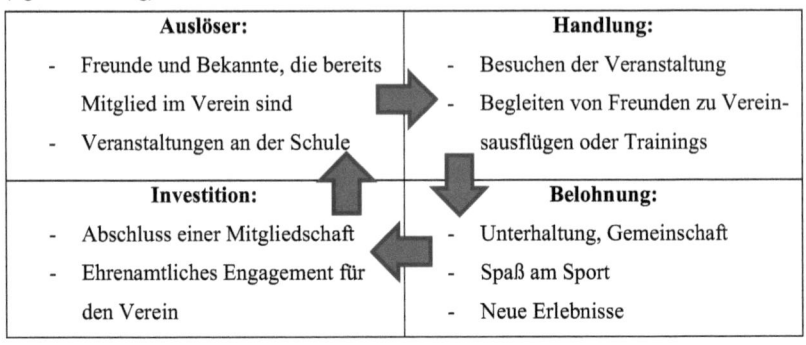

Auslöser:	Handlung:
- Freunde und Bekannte, die bereits Mitglied im Verein sind - Veranstaltungen an der Schule	- Besuchen der Veranstaltung - Begleiten von Freunden zu Vereinsausflügen oder Trainings
Investition:	**Belohnung:**
- Abschluss einer Mitgliedschaft - Ehrenamtliches Engagement für den Verein	- Unterhaltung, Gemeinschaft - Spaß am Sport - Neue Erlebnisse

3.5 Lean Start-up Ansatz

Der Lean Start-up Ansatz von Ries ist eine Methode zur Entwicklung neuer Produkte, Dienstleistungen oder Geschäftsmodellen, bei der es im Kern darum geht, jegliche Art von Verschwendung und unnötige Kosten zu vermeiden, ohne dabei die Produktqualität zu vernachlässigen (Ries, 2015, S. 25). Sämtliche Planungsgegenstände werden als Hypothesen gesehen, die mittels Experimenten und Interaktionen mit den Kunden zu verifizieren oder zu falsifizieren sind (Blank & Dorf, 2014, S XII).

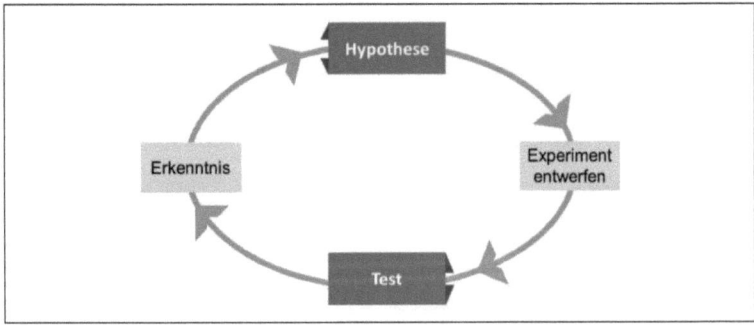

Abb. 3. Generierung von Erkenntnissen im Lean Startup (Blank & Dorf, 2014, S. 31)

Es werden nun zwei Hypothesen aufgestellt, die zum Fallbeispiel passen. Für beide Hypothesen wird abschließend jeweils eine Möglichkeit aufgezeigt, wie sie überprüft werden können und der Verein die Kooperation so früh wie möglich am Kunden testen kann.

1. Hypothese: Je mehr Schüler an einer Veranstaltung des Vereins teilnehmen, desto mehr Inhalte ebendieser werden in soziale Netzwerke hochgeladen, wodurch der Verein an Bekanntheit gewinnt.

Um diese Hypothese zu überprüfen, muss der Verein als Grundvoraussetzung einen aktiven Social-Media-Account (z.B. Facebook) besitzen. Der Verein organisiert eine große Veranstaltung, z.B. ein Sportfest, wie in 3.4 erwähnt. Während der Veranstaltung müssen die Schüler aktiv auf den Social-Media-Account des Vereins hingewiesen werden, damit diese ihre Fotos, Videos und Kommentare dort veröffentlichen können. Koppelt man dies mit einem kleinen Gewinnspiel, wer den schönsten Beitrag einreicht, sollte die Bereitschaft der Schüler größer sein, möglichst viel zu posten. Durch den „Gefällt mir Button" und das Teilen können die Inhalte des Vereins viral verbreitet werden. Um eine ausreichend große Menge an Schülern für die Veranstaltung zu gewinnen, ist die angesprochene Kooperation mit den (Hoch-)Schulen sinnvoll und nötig. Vergleicht man abschließend die Followeranzahl des Vereins auf dem Social-Media-Account, so lässt sich leicht überprüfen, ob der Verein an Bekanntheit gewonnen hat. Somit ist der oben dargestellte Kreislauf zur Generierung von Erkenntnissen komplettiert.

2. Hypothese: Die Kooperation des Vereins mit (Hoch-)Schulen führt zu mehr Vereinsmitgliedschaften der jungen Zielgruppe.

Hierbei wäre das Experiment die Idee an sich, nämlich die Kooperation. Beobachtet man die Entwicklung der Mitgliedszahlen der entsprechenden Zielgruppe, so wird man ganz klar Effekte erkennen können, wenn die Hypothese richtig ist. Evaluiert man, wie der jeweilige Schüler auf den Verein aufmerksam wurde, so kann man zweifelsfrei erörtern, ob die Kooperation dafür ausschlaggebend war. Sollten die Erkenntnisse negativ ausfallen, so müsste man an der Idee weiter arbeiten, um die Schüler noch besser von sich zu überzeugen.

4   Literaturverzeichnis

Appinio. https://www.marktforschung.de/aktuelles/marktforschung/esports-immer-be-liebter/ Zugriff am 05.05.2021

Blank, S. & Dorf, B. (2014). *Das Handbuch für Startups – die deutsche Ausgabe von ‚The Startup Owner's Manual'.* [s.l.]: O'Reilly.

Christensen, C. M. (2010, 11. August). *Integrating around the job to be done* (N9-611-004). Zugriff am 11.05.2021. Verfügbar unter http://www.public.navy.mil/flt-for/nwdc/CRIC%20Articles/Integrating_Around_th e_Job_to_Be_Done[1].pdf

Deloitte. (2016). Let's play! Der deutsche eSport-Markt in der Analyse. eSports-BIU. Zugriff am 06.05.2021. Verfügbar unter https://www.game.de/wp-content/uplo-ads/sites/2/2017/02/Deloitte.-Der-deutsche-eSports-Markt-in-der-Analyse-2016.pdf

Dfl. https://www.dfl.de/de/aktuelles/dfl-wirtschaftsreport-2019-rekordumsatz-und-wei-tere-bestmarken-bestaetigen-positive-wirtschaftliche-entwicklung-des-deutschen-profi-fussballs/ Zugriff am 06.05.2021

Eckert, H. van. (2005). *Praxishandbuch Vertrieb. Massgeschneiderte Lösungen für den Kunden; die Mitarbeiter zum Partner machen; optimale Rahmenbedingungen schaffen* (1. Aufl.). Berlin: Cornelsen.

eSportearnings. https://www.esportsearnings.com/tournaments Zugriff am 03.05.2021

eSportbund. https://esportbund.de/esport/was-ist-esport/ Zugriff am 03.05.2021

eSportmarketing. http://esports-marketing-blog.com/8-ways-to-reach-the-esports-consu-mer-today/#.WSkay8akLIU Zugriff am 04.05.2021

eSportsOlympia https://www.esports.com/de/esportler-bei-olympia-ioc-macht-ersten-schritt-179890 Zugriff am 05.05.2021

Eyal, N. (2014). *Hooked. Wie sie Produkte erschaffen, die süchtig machen* (1. Aufl.). München: Redline Verlag.

Fokus eSport. https://socialmediastatistik.de/fokus-e-sport-zahlen-und-fakten-zur-branche/ Zugriff am 05.05.2021

Furr, N. R., Dyer, J. (2014). *The innovator's method. Bringing the Lean Startup into your organization.* Boston: Harvard Business Review Press.

Hamari, J. & Sjöblom, M. (2017). What is eSports and why do people watch it? Zugriff am 05.05.2021. Verfügbar unter https://www.researchgate.net/publication/306286205_What_is_eSports_and_why_do_people_watch_it

Handelsblatt. https://www.handelsblatt.com/technik/it-internet/branchenanalyse-sponsoren-sehen-e-sports-auch-in-der-krise-als-wachstumsmarkt/25745102.html Zugriff am 06.05.2021

Müller-Lietzkow, J. (2006). Leben in medialen Welten: E-Sport als Leistungs- und Lernfeld. München: merz 50 (4).

newsslash. https://www.newsslash.com/n/15301-die-drei-groessten-twitch-streamer-in-deutschland Zugriff am 05.05.2021

Osterwalder, A. & Pigneur, Y. (2011). *Business Model Generation. Ein Handbuch für Visionäre, Spielveränderer und Herausforderer.* Frankfurt am Main: Campus.

Pwc. https://www.pwc.de/de/technologie-medien-und-telekommunikation/digital-trend-outlook-2018-esport/erleose-im-esport-markt.html Zugriff am 06.05.2021

Ries, E. (2015). *Lean Startup. Schnell, risikolos und erfolgreich Unternehmen Gründen* (4. Aufl.). München: Redline Verlag.

Sport1. https://www.sport1.de/esports/2017/08/nielsen-esports-studie-so-steht-es-um-e-sports-in-deutschland Zugriff am 05.05.2021

Statista a. https://de.statista.com/themen/3993/esports/#dossierSummary__chapter1 Zugriff am 04.05.2021

Statista b. https://de.statista.com/infografik/24179/markenwertvergleich-von-esport-und-big-four/ Zugriff am 04.05.2021

Uebernickel, F., Brenner, W., Pukall, B., Naef, T & Schindlholzer, B. (2015). *Design Thinking. Das Handbuch.* Frankfurt am Main: Frankfurter Allgemeine Buch.

Weltstudie. https://www.welt.de/gesundheit/psychologie/article160309123/Ballerspiele-gegen-Gewalt.html Zugriff am 06.05.2021

5 Abbildungs- und Tabellenverzeichnis

5.1 Abbildungsverzeichnis

5.2 Tabellenverzeichnis